BEI GRIN MACHT SICH IHR WISSEN BEZAHLT

- Wir veröffentlichen Ihre Hausarbeit, Bachelor- und Masterarbeit

- Ihr eigenes eBook und Buch - weltweit in allen wichtigen Shops

- Verdienen Sie an jedem Verkauf

Jetzt bei www.GRIN.com hochladen
und kostenlos publizieren

Marktanalyse und Marketingplanung am Beispiel der Eröffnung eines Fitnessstudios im Luxussegment

Bibliografische Information der Deutschen Nationalbibliothek:

Die Deutsche Nationalbibliothek verzeichnet diese Publikation in der Deutschen Nationalbibliografie; detaillierte bibliografische Daten sind im Internet über http://dnb.d-nb.de abrufbar.

ISBN: 9783346349781
Dieses Buch ist auch als E-Book erhältlich.

© GRIN Publishing GmbH
Nymphenburger Straße 86
80636 München

.
Druck und Bindung: Books on Demand GmbH, Norderstedt Germany
Gedruckt auf säurefreiem Papier aus verantwortungsvollen Quellen

Das Buch bei GRIN: https://www.grin.com/document/989657

Deutsche Hochschule für
Prävention und Gesundheitsmanagement
Hermann Neuberger Sportschule 3
66123 Saarbrücken

Hausarbeit

Modul	Marketing I
Studiengang	B.A. Fitnessökonomie

Gruppe bzw. zu bearbei-tende Stadt	Hamburg
Unternehmenstyp	**Fitnessstudio im Premium- bzw. Luxussegment**

Inhaltsverzeichnis

1 Marktbeschreibung / - analyse

1.1 Hauptzielgruppendefinition und Marktpositionierung

Tab. 1: Hauptzielgruppendefinition anhand relevanter Merkmale (modifiziert nach Nieschlag, Dichtl & Hörschgen, 2002 in Anlehnung an Bleul, 1982) und Marktpositionierung (inkl. Begründung)

Merkmal	Merkmalsausprägung	Positionierung
Geografische Lage	Akzeptierte Entfernung Studio-Wohnort: -für **22,5%** der Deutschen 0 bis 1 km -für **32,9%** der Deutschen 1 bis 3 km -für **20,1%** der Deutschen 3 bis 5 km -für 11,4% der Deutschen 5 bis 10 km -für 11,4% der Deutschen 10 bis 20 km -für 2% der Deutschen irrelevant (Forschungs-Institut Würtenberger [FIW], 2016)	Zentrale Lage im dichtbesiedelten Othmarschen in **unmittelbarer Nähe** zum Wohnort eines kaufkräftigen Publikums wurde gewählt. Das Durchschnittseinkommen (modifiziert nach Statistisches Amt Nord, 2016) im gesamten Marktgebiet I beträgt 40.002 €, also fast das Doppelte des Hamburger Durchschnitts.
Alter	Altersgruppen im Fitnessmarkt (DSSV, 2016) und deren Kaufkraft (GfK Geomarketing, 2008): -9,4% (unter 20 Jahren) mit Ø < 3.608,- € -18,4% (20-29 Jahre) mit Ø 15.175,- € -**19,9%** (30-39 Jahre) mit Ø **25.823,- €** -**22,5%** (40-49 Jahre) mit Ø **26.798,- €** -**16,7%** (50-59 Jahre) mit Ø **25.167,- €** -13,1% (über 60 Jahre) mit Ø < 20,819,- €	Die Hauptzielgruppe des Unternehmens sind die **30 bis 59 Jährigen**, welche 59% der Kunden im Fitnessmarkt darstellen und über den **Löwenanteil der Kaufkraft** in Deutschland verfügen.
Geschlecht	54,8% (52,5%) der Mitglieder in Einzelbetrieben (Kettenbetrieben) sind **Frauen**, 45,2% (47,5%) sind **Männer** (DSSV, 2016).	Eine **geschlechtermäßig ausgewogene Kunden- und Personalstruktur** wird angestrebt.
Familienstand & Haushaltsgröße	Fast 80% sind kinderlos, 40% Single, 40% in Beziehung, nur 20% verheiratet (FitnessFirst, 2015). Für Marktstart im Premiumsegment wird auf Mediadaten von Fitnessfirst geachtet.	Im gesamten Marktgebiet I liegt der Anteil der Einpersonenhaushalte bei 53,5% und der Anteil der Haushalte mit Kindern bei 19,2% (modifiziert nach Statistisches Amt Nord, 2016).
Einkommen	**Überdurchschnittlich**	Ø 104.692 € in Othmarschen, Ø **40.002 €** Einkommen im gesamten Marktgebiet I
Bildung	Gehobenes Bildungsniveau	Aktiver Medienkonsum: eher Printmedien
Beruf	**Professionals** (Großteil: voll berufstätig) → bewusstes Zeitmanagement	Zeitersparnismotiv, wenig Freizeit → high involvement & Ergebnisorientierung
Motivation für langfristigen Besuch (FIW, 2016)	Verbesserung von Aussehen/Figur (34,6%), Gesundheit/Fitness (33,5%), Wohlbefinden (22,5%), Ausgeglichenheit (22,2%), Vitalität (17,6%), Rückenprobleme (15,7%), Rest (<10%)	**Science-based Fitness – Excellence in aesthetics and health** Grundlegende Positionierung in den Bereichen: **Science, Ästhetik & Gesundheit**
Haltung zu präventiver Ausrichtung	Die präventive Ausrichtung des Trainingsangebots ist 82,6% der Deutschen bei der Studioauswahl sehr wichtig oder wichtig (FIW, 2016).	Präventiv, fitness- & gesundheitsorientiert, klarer Wissenschaftsbezug → **Science-based PT, MTT, Medical Fitness, Ernährungsberatung**
Kriterien für die Kaufentscheidung	Wohnortnähe (36,2%), gute Trainingsbetreuung (23,7%), angenehmes Publikum (20,5%), gute, moderne Geräte (18,3%), positive Atmosphäre (17,4%), Empfehlung (11,1%), Preis-Leistungs-Verhältnis (9,4%), Rest (<6%) (FIW, 2016)	Unmittelbare Präsenz, Dienstleistungsqualität mit Anspruch der Qualitätsführerschaft durch hochqualifizierte Beratung, CRM & TQM, konsequentes Kundenstrukturmanagement, systematisches Empfehlungsmarketing und High-End-facilities
Sportaffinität	Regelmäßig (58%), gelegentlich (23%) und nie (19%) sportlich aktiv (FIW, 2016).	Breitensportler aller Leistungslevel (Motivierte, ambivalent Motivierte und Unmotivierte)

1.1.1 Produktpolitik

Tab. 2: Bereiche der Produktpoitik (Weis, 2010) von Science-based Fitness

Bereich der Produktpolitik (Weis, 2010)	Sciene-based Fitness – Excellence in aestethics and health Eine High-End-Studio-Konzeption und das Bekenntnis zur Spitzenleistung
Qualität	Angestrebt wird eine Dienstleistungsqualitätsführerschaft durch hochqualifizierte Beratung mit klarem Wissenschaftsbezug in den Bereichen Gesundheits- und Leistungsdiagnostik, „Science-based Personaltraining", „Medical Fitness", Medizinische Trainingstherapie & Ernährungsberatung
Nutzen (Grundnutzen, Zusatznutzen)	**Grundnutzen: Science-based Fitness**: Effiziente Zielerreichung in Gesundheit und Ästethik durch sportwissenschaftlich fundierte Trainingssteuerung. **Zusatznutzen:** Exklusivität, Wissenschaftsbezug, Gesundheitsprävention für Sicherheitsbedürfnis nach Zukunftvorsorge, Ästethik und Ich-Bedürfnisse nach Anerkennung, Bestätigung von Außen, Status und Erfolg, soziale Bedürfnisse nach Kontakt und Zugehörigkeit (Baßeler et al., 2002).
Design	Einheitliches Corporate Design, professioneller Internetauftritt, einheitliche, hochwertige Firmenkleidung und Geschäftsunterlagen mit Unternehmenslogo, reduzierte Formsprache (Architektur & Inventar in Bauhausstil), natürliche Oberflächen, geräuschreduzierendes Design für ruhige Atmosphäre
Markenpolitik	Premium- bzw. Luxussegment-Dachmarkenstrategie
Image	Science-based Fitness als Ausdruck von Stilbewusstsein, Haltung, Ästethik, und Exklusivität
Prestige	Science-based Fitness als Differenzierungsmerkmal, Erfolgskomponente, Statussymbol
Programmgestaltung	Spezialisiertes Angebot für eine klare Positionierung im Bereich Ästethik und Gesundheit, eine spezifischere Bedarfsbefriedigung, einen gezielten Einsatz und optimale Allokation der Marketinginstrumente und –budgets, die Abschöpfung der Konsumentenrente & Transfereffekte (Pepels, 2012).
Servicepolitik	Kundenorientierung, Customer Relationship Management- & Total Quality Management-Philosophie

1.1.2 Preispolitik und Distributionspolitik

Im nicht preissensiblen Marktsegment (Monatsbeitrag: 95,20€ brutto) konkurrieren unter 3% der Studios, größtenteils Special-Interest-Anlagen (DSSV, 2016). Damit positioniert sich das Unternehmen im oberen Bereich des Premiumsegments, dem Luxussegment. Für die Etablierung eines Luxusmarkenimages ist es erforderlich, dass „die Luxusmarke eine Preisposition einnimmt, die im höchsten Preissegment ihrer Kategorie sein muss, weil diese für eine entsprechend positive Qualitätsbeurteilung bei den Konsumenten sorgt. ... Die *Luxuspreisstabilität* stellt ein zentrales kurz- und langfristiges Ziel der Luxusmarkenführung dar" (Thieme, 2016). Die Mitgliedschaft beinhaltet die sportwissenschaftliche Trainingssteuerung (Science-based Personaltraining alle 2 Monate). Im Zentrum steht ein überlegenener Kundennutzen durch allerhöchste Dienstleistungsqualität. Qualitative Zusatzleistungen sind Ernährungsberatungen, weitere Personaltrainings und Medizinische Trainingstherapie („Zero-Discount-Policy"). „If you control your distribution, you control your image" (Thieme, 2016; zitiert nach Louis Vuitton). Die kundenindividuelle Ansprache und die „Art und Weise des Verkaufs als eigenständige Kunstfertigkeit im anspruchsvollen Luxussegment" (Thieme, 2016) wird als Voraussetzung für eine Luxuspreisstrategie und eine Diffenzierung verstanden, weshalb nur der persönliche Verkauf die Exklusivität der Distribution gewährleistet.

1.2 Lage und Standort des Unternehmens

1.2.1 Standortbeschreibung

Der Standort des Premium-Segment-Studios soll im Musterweg 1, unmittelbar an der Kreuzung zum Halbmondsweg, zentral im Luxusstadtteil Othmarschen im Stadtbezirk Hamburg Altona westlich der Innenstadt auf der Nordseite der Elbe liegen. Othmarschen ist einer der schönsten und beliebtesten Stadtteile Hamburgs. Das Bild ist geprägt von Landhäusern, Villen und großen Grünanlagen. Die umliegenden Stadtteile sind Nienstedten, Groß Flottbek und Ottensen. Der ruhige Elbvorort ist im Stadtbebauungsplan als reines Wohngebiet ausgeschrieben, allerdings sind gewerbliche Einrichtungen für kulturelle, soziale, gesundheitliche und sportliche Zwecke, die der Versorgung des Gebietes dienen ausnahmsweise zugelassen.

1.2.2 Begründung der Standortwahl

Es wurde ein gut sichtbarer Standort in zentraler Lage des dichtbesiedelten Nobelstadtteils Othmarschen so gewählt, dass ein besonders kaufkräftiges Publikum auf möglichst kurzen Wegen das Studio erreichen kann. Das Durchschnitteinkommen in Othmarschen beträgt 104.692,- €. Das Einkommen des elf Stadtteile umfassenden Marktgebiets I, mit 40.002,- €, ist immer noch fast das Doppelte des Hamburger Durchschnitts. 60,9% der Deutschen wurden auf ihren Fitnessclub, durch dessen Nähe zum Wohnort oder seine gute Lage, aufmerksam (FIW, 2016). Die Parkplatzsituation im gesamten Wohngebiet ist gut und es kann ein eigener Parkplatz auf dem Grundstück gebaut werden. Die Wettbewerbssituation und Studiodichte im Marktgebiet sind im Luxus- und Premiumsegment, im Vergleich zur Innenstadt, als gering zu bewerten.

1.3 Bestimmung von zwei Marktgebieten nach der Zeit-Distanz-Methode

Für die Definition des Marktgebietes sind sich die Empfehlungen des DSSV Arbeitgeberverbandes deutscher Fitness- und Gesundheits-Anlagen (2017) und des Deutschen Olympischen Sportbunds (2015) darin einig, dass ein unmittelbares Einzugsgebiet mit 5 bis 8 Minuten Fahrzeit mit dem Auto und ein mittelbares Einzugsgebiet mit 8 bis 15 Minuten Fahrzeit mit dem Auto zur Hauptverkehrszeit (Zimmermann, 2002), nach der Zeit-Distanz-Methode zu definieren sind. Auf die Definition eines erweiterten Einzugsgebietes (ab 15 Minuten Fahrzeit) wird an dieser Stelle verzichtet.

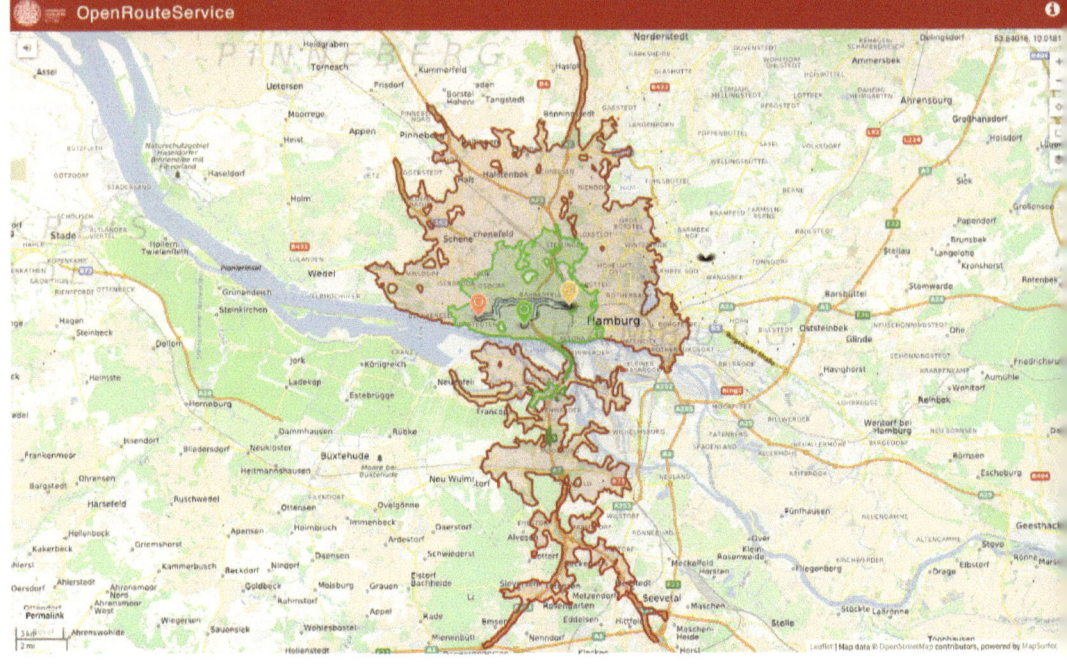

Abb. 1: Unmittelbares und mittelbares Markgebiet im Maßstab 1:200.000 (Quelle: OpenRouteService)

Legende: Grüner Wegpunkt: Eigenes Studio; Gelber Wegpunkt: FitnessFirst Platinum Club; Oranger Wegpunkt: juka dojo Fitness Club; Grüne Zone: Unmittelbares Einzugsgebiet / Marktgebiet I (8 Minuten Fahrzeit); Rote Zone: Mittelbares Einzugsgebiet / Marktgebiet II (15 Minuten Fahrzeit)

1.4 Makroumfeldanalyse und Abschätzung des Marktpotenzials

1.4.1 Kaufkraft

In Hamburg lag im Jahr 2016 die Pro-Kopf-Kaufkraft bei 24.024,- € und der Kaufkraft-index bei 109,8, womit es das Bundesland trotz einer negativen Veränderung zum Vor-jahr in Höhe von -0,5% auf Platz 1 im bundesweiten Ländervergleich schafft (Gesell-schaft für Konsumgüterforschung [GfK], 2015). Im Vergleich aller Stadtkreise, mit über 200.000 Einwohnern, schafft es Hamburg auf Platz 8 (GfK, 2015). Der Kaufkraftindex des Stadtkreises Hamburg liegt im Jahr 2017 bei 109,4 (GfK, 2016).

1.4.2 Arbeitslosenquote

Die Arbeitslosenquote der Stadt Hamburg liegt derzeit (März 2017) bei 7,1% und ist damit im Vergleich zum Vorjahresmonat um 0,3% gesunken (Bundesagentur für Arbeit [BA], 2017).

1.4.3 Altersverteilung

Mittlere Bevölkerung in Hamburg 2015

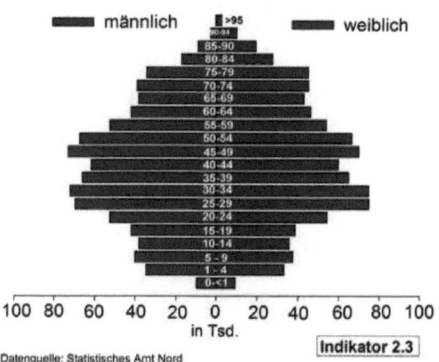

Datenquelle: Statistisches Amt Nord | Indikator 2.3 |

Abb. 2: Gesundheitsberichterstattung-Indikator 2.3: Durchschnittliche Bevölkerung in Hamburg (Behörde für Gesundheit und Verbraucherschutz, 2016; modifiziert nach Statistikamt Nord, 2016)

1.4.4 Einwohnerzahlen im unmittelbaren Einzugsgebiet / Marktgebiet I und im mittelbaren Einzugsgebiet / Marktgebiet II (nach Stadtteilen)

Tab. 3: Einwohnerzahlen im unmittelbaren Einzugsgebiet / Marktgebiet I und im mittelbaren Einzugsgebiet / Marktgebiet II (modifiziert nach Statistisches Amt Nord, 2016)

Stadtteile Marktgebiet I	Einwohnerzahl	Stadtteile Marktgebiet I	Einwohnerzahl
Othmarschen	14.672	Osdorf	26.507
Nienstedten	7.228	Lurup	35.591
Groß Flottbek	10.913	Bahrenfeld	29.599
Ottensen	35.199	Eidelstedt	32.317
Altona-Altstadt	28.825	Stellingen	24.726
Altona Nord	21.876	∑ Einwohner Marktgebiet I	**267.453**
Stadtteile Marktgebiet II	**Einwohnerzahl**	**Stadtteile Marktgebiet II**	**Einwohnerzahl**
Blankenese	13.325	HafenCity	2.319
Rissen	15.145	Rothenburgsort	9.138
Sülldorf	9.043	St. Georg	10.736
Iserbrook	11.244	Eilbeck	21.287
Schnelsen	28.626	Hammerbrook	2.454
Niendorf	41.120	Borgefelde	6.845
Lokstedt	28.252	Hohenfelde	9.460
Groß Borstel	8.769	Hamburg-Altstadt	1.879
Winterhude	54.302	Hamm	38.515
Eppendorf	24.356	Alsterdorf	14.123
Rotherbaum	16.354	Waltershof und Finkenwerder	11.733
Hoheluft-West	13.102	Altenwerder und Moorburg	743
Hoheluft-Ost	9.514	Hausbruch	16.852
Harvestehude	17.479	Heimfeld	21.445
Sternschanze	7.891	Neugraben-Fischbeck	27.879
Elmsbüttel	56.889	Eißendorf	24.103
St.Pauli	22.535	Marmstorf	8.820
Neustadt	12.586	Sinstorf	3.615
∑ Einwohner Marktgebiet II	**622.488**		

1.4.5 Gesamtmarktpotenzial

$0,12 * [267.543 + (0,7 * 622.488)] = 84.394,15$

Das Gesamtmarktpotenzial beider Marktgebiete ausgehend von einem Marktpotenzial von 12% und der Gewichtung des Marktgebiet II mit 70% beträgt 84.394 Mitglieder.

1.5 Wettbewerbsanalyse

1.5.1 Produktpolitik der zwei stärksten Mitbewerber

Tab. 4: Produktpolitik des FitnessFirst Platinum Clubs und juka dojo Fitness Clubs

Bereiche der Produktpolitik (Weis, 2010)	FitnessFirst Platinum Club	juka dojo Fitness Club
Qualität	Im Interview mit dem Wirtschaftforum betont der FitnessFirst-Geschäftsführer Stefan Tilk (2017) „Unser Anpruch als Fitnessleader und Fitnessexperte ist es, unseren Mitgliedern die beste Trainingsbetreuung und innovative Programme zu bieten, die sie dabei unterstützen, ihre Ziele nachhaltig zu erreichen" → **Anspruch der Qualitätsführerschaft**	„Daher legen wir unseren Fokus auf eine hervorragende Dienstleistung und ein enges Miteinander mit unseren Kunden, damit diese ihre Ziele erreichen" (juka dojo, 2017) „Das juka dojo ist Deutschlands Nr.1!" (juka dojo, 2017) → **Anspruch der Qualitätsführerschaft**
Nutzen (Grundnutzen, Zusatznutzen)	Grundnutzen: „Unser Anpruch: Fitness" als „**Lifestyle** der von Training über die Ernährung und eine grundsätzlich inspirierte Lebenshaltung alle Bereiche des Alltags durchdringt" (Stefan Tilk, 2017) → **beinhaltet Geltungs- &** Zusatznutzen: „Fitnessclub als Ort der persönlichen Begegnung. Hier trifft man Freunde und Gleichgesinnte in entspannter Atmosphäre" (Fitnessfirst [FF], 2015) → **Motivation: Kontaktmotiv & Entspannung**	Grundnutzen: „Fitness zum Wohlfühlen – Wir sind einzigartig-genau wie Sie!" (juka dojo, 2017) → **Individualität & Anerkennungsmotiv** Zusatznutzen: „Wir sind das erste Fitnessstudio in Deutschland, in dem der Gründer noch im Unternehmen aktiv ist (DSSV)" (juka dojo, 2017) → **Pioniergeist, 45 Jahre Erfahrung**
Design	Einheitliches Corporate Design	Uneinheitliches Design
Markenpolitik	Premiumsegment-Dachmarkenstrategie	Premiumsegment-Mehrmarkenstrategie unter gemeinsamer Firma (2 Logos)
Image	Moderner Lifestyle, „'We are Fitness Leaders who inspire people to go further in life', das ist unsere Vision" (Stefan Tilk, 2017) → **erfolgreiches Lebensgefühl** „Richtungsweisender Trendsetter der Branche" (Stefan Tilk, 2016) → **Trendbewusstsein**	-„Von der Kampfsportschule zum Fitness-Center" -„Er ist einer der Pioniere der Fitnessbranche und brachte die Gedanken aus den USA nach Deutschland ... Manfred Kartheuser, Gründer aller juka dojo Fitness-Anlagen" (juka dojo, 2017) → **Kundennah, erfahren, traditionsreich, herzlich, familiär, inhabergeführt & -bezogen**
Prestige	„...es geht um **Motivation** und **Inspiration**, um einen **Lebensstil**,..." (Stefan Tilk, 2017) → **markenbewusst, erlebnis- und lifestyleorientiert, konsumfreudig** (FF, 2017), bekanntes **Statussymbol**	-persönliche „**Chefarztbehandlung**" durch aktiven Gründer -wenig prestigeorientiert oder elitär, eher persönlich und menschlich
Programmgestaltung	„Mit einem breiten Angebot ... für eine breite Zielgruppe attraktiv" (Stefan Tilk, 2017) → **Breites Angebotsprogramm**	„Wir haben ein breites Angebot für Sie" (juka dojo, 2017) → **Sehr breites Angebotsprogramm**

Servicepolitik	„Die Mitglieder stehen bei Fitness First im Mittelpunkt" (Stefan Tilk, 2017) → **Kundenorientierung**	„Hier sind Sie kein anonymes ‚Mitglied', sondern stehen als Mensch ganz individuell im Mittelpunkt unseres Denkens und Handelns" (juka dojo, 2017) → **Kundenorientierung**
Garantieleistungspolitik und Gütesiegel	-28-Tage-Geld-zurück-Garantie unter Auflagen: Mind. 8 Trainingstermine mit Unterschrift und Stempel (FF, 2017) / drei mal Platz 1 bei der Studie „Fitness-Studios 2016" des Nachrichtensenders n-tv durchgeführt vom Deutschen Institut für Service-Qualität (FF, 2017)	-keine Garantieleistung -„hohe Kundenzufriedenheit: Bewertung 9,6 auf einer Skala von 1-10 (Würtenberger)" (juka dojo, 2017) -„juka dojo Nienstedten deutschlandweit Studio des Monats (DSSV)" (juka dojo, 2017)

1.5.2 Grundlegende Positionierung der zwei stärksten Mitbewerber

Tab. 5: Grundlegende Positionierung des FitnessFirst Platinum Clubs und juka dojo Fitness Clubs

FitnessFirst Platinum Club	juka dojo Fitness Club
-„deutliche Positionierung im Premiumsegment" (Stefan Tilk, 2011), „ausgerichtet auf die Bedürfnisse vor allem von Berufstätigen in Großstädten" (FF, 2017) -Überdurchschnittlich hohe Kaufkraft der Zielgruppen, durchschnittlichen Haushaltsnettoeinkommen von 2.350€, ca. 70% sind vollzeit berüftstätig (FF, 2015) -80% der Mitglieder sind zwischen 16 und 45 Jahre alt, 56% Frauen, 44% Männer, fast 80% sind kinderlos, über 40% sind in einer Beziehung, knapp 40% sind Single, nur 20% verheiratet (FF, 2015) -Fitness-affin, gesundheitsbewusst, hedonistisch orientiert, gut ausgebildet, konsumfreudig, durchschnittlich 1,07 Trainingsbesuche/Woche und 2 Stunden Verweildauer, Medienkonsum: eher Printmedien, aktiver Konsum von Werbebotschaften (FF, 2015)	-„Premium Gesundheits- und Trainingszentrum" (juka dojo, 2017) -Grundsätzlich ausgerichtet auf die Bedürfnisse von Jedermann mit überdurchschnittlich hoher Kaufkraft (keine Mediadaten verfügbar) -alle Altersklassen unterteilt in drei Kategorien: unter 30 Jahre, 30-50 Jahre & über 50 Jahre (juka dojo, 2017) -Unterteilung der Zielgruppe nach Fitnessmotiven in 4 Hauptkategorien: „Figur & Abnehmen", „Rücken & Gelenke stärken", „Mehr Kraft & Ausdauer" & „Fit, Vital & Wohlbefinden". Weitere Zielgruppenunterteilung nach jeweils 3-4 Kriterien: 1. „Figur & Abnehmen" nach Vorerfahrung mit Diäten, Größenordnung des Abnehmwunsches, Freizeitverhalten und Problemzone 2. „Rücken & Gelenke stärken" nach Häufigkeit der Rückenschmerzen, Behandlung der Beschwerden und Kontakt zu Rückenschule 3. „Mehr Kraft & Ausdauer" nach vorrangigem Interesse an Kraft/Ausdauer, Trainingslevel und Präferenzen (Umfeld, Betreuung, Ausstattung) 4. „Fit, Vital & Wohlbefinden" nach Erwartung (Bewegung, Ausdauer, Muskulatur), Schwächen (Motivation, Erfolg) und Lebensqualitätssteigerungspotenzial (Schmerzfrei, Aktiver, Wohlfühlen) (juka dojo, 2017) -Gesundheitsorientiert, herzlich, familiär, individuell, kundenorientiert

1.5.3 Zentrale Stärken und Schwächen der Wettbewerber im Vergleich zum eigenen Unternehmenstyp

Tab. 6: Zentrale Stärken und Schwächen der Wettbewerber im Vergleich zum eigenen Unternehmenstyp

	Fitness First Platinum Club	juka dojo Fitness Club	Vergleich zu FitnessFirst	Vergleich zu juka dojo Fitness Club
Zentrale Stärken	1. Hoher Bekanntheitsgrad (Marke, Image, Statussymbol) 2. Synergieeffekte durch „gemeinsame Mitgliedschaften"	1. Unternehmensstabilität aus 45 Jahren lokaler Marktpräsenz 2. exakte Kenntnis des „evoked set" (Anforderungsprofils des Kunden) im Lokalmarkt und Premiumsegment	Ausgleich niedrigerer Bekanntheit durch intensivere und zielgenauere Werbung Die Synnergieeffekte haben wenig Kaufverhaltensrelevanz.	Neuerschließung des Marktgebietes mit Zugang zu den Ressourcen, Erfahrungen und professioneller Marktforschung der Unternehmensgruppe

10/18

Zentrale Schwächen	1. wenig erfolgreich in mittelgroßen Städten (Stefan Tilk, 2011) 2. weite Entfernung zum Wohnort durch Innenstadtlagen	1. Marketingschwäche: Uneinheitliches Design 2. keine klare Positionierung oder erkennbarer USP	Die Neugründung erfolgt in einer Vorortlage, die nicht dem Profil von Fitness First entspricht. Direkt am Wohnort des Kunden	Professionelles Marketing: Corporate Design und eine trennscharfe Positionierung

1.6 Beurteilung der Marktanalyse

Das gewählte Marktgebiet ist hochattraktiv für ein Studio im Luxus- bzw. Premiumsegment. Der Wettbewerb ist als gering einzuschätzen, die Verkehrsanbindung ist sehr gut und die Kaufkraft ist immens hoch. Das Pro-Kopf-Einkommen des eng besiedelten, unmittelbaren Einzugsgebietes liegt bei fast dem Doppelten des Hamburger Durchschnitts (modifiziert nach Statistisches Amt Nord, 2016). Die geplante Mitgliederzahl von 1.200 Mitgliedern, nach dem ersten Geschäftsjahr, wird als große Herausforderung bewertet, die aufgrund der einzigartigen Positionierung, der sehr hohen Eigenattraktivität des Angebotes und der Attraktivität des Marktgebietes als realistisch beurteilt wird. Der FitnessFirst Black Label Club am Frankfurter Opernplatz registrierte 2016 rund 2.500 Mitglieder bereits im Vorverkauf (FitnessFirst, 2016).

2 Marketingplanung

2.1 Budgetplanung

Das Jahresmarketingbudget für das erste Geschäftsjahr, berechnet anhand der Methode „Marketingkosten pro Neukunde", beträgt 72.000,- € (1.200 * 60,- €).

2.2 Kommunikationspolitik

2.2.1 Drei Instrumente der Kommunikationspolitik

Tab. 7: Drei Instrumente der Kommunikationspolitik und Begründung der Auswahl

Instrument	Begründung der Auswahl
1. Öffentlichkeitsarbeit / Public Relations	Für die Einnahme einer prägnanten Preisposition (Thieme, 2016) gilt ein stark positiv besetztes Image als Voraussetzung. Gerade in der Einführungsphase (und besonders im Premiumsegment) erfordert die Vermarktung einer immateriellen Dienstleistung einen systematischen Vertrauensaufbau, da Kunden ihre Kaufentscheidung auch von dem Ruf und der Kompetenz des Unternehmens als Ganzes abhängig machen (Becker, 2009).
2. Online-Marketing	Mit 56,1 % der Bundesdeutschen hat das Internet im Medienvergleich die größte Reichweite (FIW, 2016) und bei der gezielten Informationssuche nach einem Fitness-Studio

	rangiert das Internet mit 31,9 % der Interessenten auf Platz 2 der Informationskanäle (FIW, 2016). Den auf Platz 1 befindlichen Informationskanal mit 58,2 % der Interessenten (Empfehlung) gilt es sich bei einer Neugründung erst zu erarbeiten.
3. Werbung	Vorgabe als feste Größe

2.2.2   Konzept für die Vermarkungskampagne

Tab. 8: Konzept für die Vermarkungskampagne

Primäres Ziel der Kampagne	Interessentengewinnung			
Ziel(e) der Öffentlichkeitsarbeit / Public Relations	Visualisierung und Demonstration von Beratungskompetenz (im Vorverkauf durch eine Unternehmenspräsentationsveranstaltung mit Vorträgen zur Leistungs- und Gesundheitsdiagnostik inklusive Beratungs- & Verkaufsterminvereinbarung)			
Ziel(e) des Online-Marketings	Aufbau des angestrebten Unternehmensimages & individuelle Vereinbarung von Beratungs- & Verkaufsgesprächen			
Ziel der Werbung	Steigerung des Bekanntheitsgrades und Images			
Botschaft der PR und des Online-Marketings	Science-based Fitness bietet Beratungsexzellenz in Ästethik und Gesundheit in hochexklusiver Atmosphäre für den anpruchsvollen Individualisten Hamburgs			
Botschaft der Werbung	„Erfolgreich, besser Aussehen" Science-based Fitness – Excellence in aestethics and health			
Inhalt / Strategie der Vermarktungskampagne (Vorverkauf)	Über Pressemitteilungen, Affiliate Marketing, Anzeigen und Plakate sollen Interessenten zur Unternehmenspräsentation, der Eröffnungsfeier und in das Vorverkaufsbüro eingeladen werden. Im Rahmen einer Unternehmenspräsentation mit hohem Nutzwert soll die anvisierte Zielgruppe durch eine Demonstration von Beratungskompetenz für das Unternehmen begeistert werden. Die Kampagne soll bereits vor Eröffnung das angestrebte Image und einen persönlichen Kontakt zum Kunden aufbauen. Die Corporate Website soll Terminvereinbarungen ermöglichen.			
Umsetzung und Begründung	Pressebeziehungen und Affiliate Marketing sollen den Neuigkeitswert der Unternehmung kostengünstig in Medienpräsenz konvertieren. Die Unternehmenspräsentation soll erlebnisorientiert die Imagebildung fördern und Kundenbeziehungen (telling costumers) aufbauen, welche über einen Hype eine Empfehlungskampagne unterstützen sollen. Persönlich und durch Visualisierung sollen bereits Mitgliedschaften und Probetrainings mit Interessenten generiert werden.			
Zeitliche Organisation / Planungsschritte im Detail	Datum	Planungsschritt	Datum	Planungsschritt
	1.4	Deadline Planung	15.7	Anbringung Blow-Up
	1.4	Buchung Redner	17.7	Vorverkaufsbüroeröffnung
	1.4	Auftrag Mediengestaltung	12/13.8	Titelseite Hamburger MoPo
	1.7	Onlineschaltung Website	14/24.8	Plakatanzeigenwerbung
	1.7	Affiliate-Kampagnenstart	26.8	Unternehmenspräsentation
	3-7.7	Verteilung Pressemappen	9/10.9	Titelseite Hamburger MoPo
	7.7	Deadline Werbegestaltung & Anzeigenbeauftragung	16.9	Eröffnungsfeier / Marktstart
Erfolgsmessung	**Vorverkaufsbüro, Unternehmenspräsentation & Eröffnungsfeier:** Teilnehmer, Terminvereinbarungen & Verkaufskennzahlen **Affiliate & Online-Marketing:** Terminvereinbarungen, Lead- & Klickzahlen (Traffic) **Werbung:** Responseelement: Telefonische Beratungsgespräche & vereinbarte Termine, Recall- & Recognitontests („aided recall" & „unaided recall"-Methode) **PR-Aktivitäten:** Medienresonanzanalyse & Kooperationsanalyse **Gesamtes Marketing:** Beauftragung einer lokalen Marktstudie beim Forschungsinstitut Würtenberger (FIW) und umfangreiche Analyse des lokalen „evoked sets"			

2.3 Werbeplanung

Tab. 9: Werbemittel, Werbeträger und Begründung der Werbeträgerauswahl

Werbemittel	Werbeträger	Begründung der Werbeträgerauswahl
1. Anzeige	Hamburger Morgenpost (der TKP beträgt ca. 5,04,- €)	44,5 % der Bundesdeutschen lesen regelmäßig lokale Zeitungen, um die zu informieren (FIW, 2016). Mit einer Auflage von 102.708 Lesern hat die Hamburger MoPo eine hohe Gesamtreichweite von 341.000 Lesern und passt gut zur berufstätigen, einkommensstarken, konsumfreudigen (high-involvement-) Zielgruppe. Das Marktgebiet der Zeitung (Hamburg) entspricht in etwa dem erweiterten Marktgebiet bei Vorhandensein von Streuverlusten. Die Affinität liegt bei ca. 60% und die Glaubwürdigkeit und Zuverlässigkeit von Tageszeitungen werden hoch eingeschätzt (Nieschlag, Dichtl & Hörschgen, 2002).
2. Werbeplakat Großfläche	Ströer Anschlagflächen (der TKP beträgt ca. 41,89 Cent)	Bei der gezielten Informationssuche nach einem Fitness-Studio achten 12,1 % der Deutschen auf Werbeanzeigen (FIW, 2016). Mit 622.000 Sichtkontakten pro Plakatstelle und insgesamt 21 Werbeflächen ist die Reichweite der Maßnahme sehr hoch, und es können einfach Mehrfachkontakte generiert werden. Das Marktgebiet ist präzise anvisierbar, allerdings ist die Affinität unbekannt. Die Bruttoreichweite (Gross Rating Point) beträgt 42 % Gesamt-Hamburgs.
3. Blow-Up Banner	Fassadenbanner am Gebäude (der TKP ist unbekannt)	Der Standortvorteil "Sichtbarkeit" soll werbewirksam genutzt werden und die Auffindbarkeit gewährleisten. Riesenposter (Blow-Ups) gelten als besonders werbewirksam (Schlaffke & Plünnecke, 2016). Die Reichweite ist stark eingeschränkt und die Zielgruppen bei unbekannter Affinität unpräzise anvisiert.

2.4 Kostenkalkulation / Budgetvergleich bei der Werbeplanung

Tab. 10: Kostenkalkulation / Budgetvergleich bei der Werbeplanung

Werbebudget	20% von 72.000,- €	14.000,- €
Werbemaßnahme	**Einzelne Schritte**	**Plankosten**
	Anzeigengestaltung durch Werbeagentur	1.500,- €
1. Anzeige in der Hamburger Morgenpost als Sonderplatzierung auf der Titelseite (Kombi Sa/So an 2 Wochenenden im Eckfeld oben in 4c für 22,95€/mm)	Anzeigenschaltung 1. Wochenende	1.721,25 €
	Anzeigenschaltung 2. Wochenende	1.721,25 €
	Gesamtkosten Anzeigenschaltung	**3.442,50 €**
2. Werbeplakate Großfläche im Marktgebiet an 21 Plakatwänden (11 Tage, 622.00 Kontakten/PPS & ø Tagespreis: 23,41 €)	Druckdatenformatierung (Werbeagentur)	**300,- €**
	Druck- & Mediakosten (inkl. 10% Ersatz)	(557,62 € + 4.915,05 €)
	Gesamtkosten bei Ströer	**5.472,67 €**
3. 75qm Blow-Up Fassadenbanner (2 St.)	Druckdatenformatierung (Werbeagentur)	**300,- €**
	Druck bei Digitaldruckfabrik	**1.635,- €** (2 x 817,50 €)
	Montage an Nord- & Ostfassade	**100,- €**
Kostensumme		**12.750,17 €**
Reserve	8,93 % des Werbebudgets	**1.249,83 €**

2.5 Optimierungsmöglichkeiten

Aus Werbebudgetgründen sollten vermehrt Präsenzmarketingaktionen mit nachhaltigerer Werbewirkung durchgeführt werden, denn nichts ist so alt wie die Zeitung von gestern. Bei vorausschauenderer Buchung im Verbund werden Preisnachlässe gewährt.

2.6 Synergieeffekte im Rahmen der Kommunikationspolitik

Aus der Zentralisation des Marketings sollen Kostenvorteile, Spezialisierungseffekte und Erfahrungskurveneffekte (bezüglich der Werbewirksamkeit) realisiert werden. Bei positivem Image der Holding kann man Übertragungseffekte (Spill-over) nutzen. Über die Integration der gemeinsamen Öffentlichkeitsarbeit in Corporate Identity und Kommunikationsmix soll eine inhaltliche, formale und zeitliche Abstimmung erfolgen, sodass über Synergien höhere Wirkungen erreicht werden (Schlaffke & Plünnecke, 2016).

3 Abschlussstatement

Mit einer Anlagendichte von 16,1 Anlagen pro 100.000 Einwohner, damit lediglich 6.110 Einwohnern pro Anlage und 289 Anlagen insgesamt (DSSV, 2016) hat Hamburg im Ländervergleich den hartumkämpftesten Fitnessmarkt. Zum Vergleich wird in Bremen mit 73 Anlagen, also 10,9 Anlagen pro 100.000 Einwohner, um 9.097 Einwohner pro Anlage (DSSV, 2016) konkurriert. Allerdings ist Hamburg mit einer Reaktionsquote von 16,2% auch Spitzenreiter im Bundesländervergleich (DSSV, 2016). Der mit 30,2% (DSSV, 2016) bundesweit zweithöchste Anteil von Special-Interest-Anlagen, kann als Indiz gelten, dass spezialisierte Positionierungen Erfolg versprechen.

3.1 Chancen und Risiken für die Unternehmensgruppe

Tab. 11: Chancen und Risiken für die Unternehmensgruppe

Chancen	Risiken
Aufbau eines neuen profitablen Geschäftsfeldes (Studio)	Ausbleiben des gewünschten Erfolges
Erschließung eines neuen Marktsegments (Großstadt)	Kapitalverlust bei Scheitern des Vorhabens und Revision

3.2 Analyse der Erfolgsaussichten und Umsetzungsentscheidungen

Tab. 12: Analyse der Erfolgsaussichten, Umsetzungsentscheidungen und Begründung

Unternehmenstyp	Erfolgsaussicht	Entscheidung	Begründung
1. Premium- bzw. Luxussegment	Die Marketingplanung ist ambitioniert, aber realistisch (siehe Analyse & Planung)	positiv	„Das Premium-Segment ist ein attraktiver Wachstumsmarkt" (Stefan Tilk, 2016). → Planung ist für Marktsegmentest geeignet
2. Discountsegment	Nicht abschätzbar (unbelegt)	negativ	Unbelegte Zielgruppendefinition
3. Damenfitness	Gering (Zielgruppe zu eng)	negativ	Werbekostenkalkulation unrealistisch
4. Gesundheit	Gering (Zielgruppe zu eng)	negativ	Werbekostenkalkulation unrealistisch
5. Mikrostudio „Functional"	Nicht abschätzbar, gering (Zielgruppe zu eng)	negativ	Unspezifische Produkt-, Preis- & Distributions- und Kommunikationspolitik

4 Literaturverzeichnis

Baßeler, U., Heinrichs, J. & Utecht, B. (2002). *Grundlagen und Probleme der Volks-wirtschaft* (17., überarbeitete Aufl.). Stuttgart: Schäffer-Poeschel.

Becker, J. (2009). *Marketing-Konzeption. Grundlagen des zielstrategischen und operativen Marketing-Managements.* (9. Aufl.). München: Vahlen.

Behörde für Gesundheit und Verbraucherschutz. (2016). (Hrsg.). Gesundheitsberichter-stattung – Indikatoren - Durchschnittliche Bevölkerung in Hamburg. Zugriff am 15.04.2017. Verfügbar unter http://www.hamburg.de/indikatoren/122416/start-dia-2-3/

Bleul, W. (1982). Die Typologie der Ziele und die Zielplanung. In B. Tietz (Hrsg.), *Die Werbung, Handbuch der Kommunikations- und Werbewirtschaft, Band 3: Die Werbe- und Kommunikationspolitik* (S. 2126-2150). Landsberg am Lech: Bauer.

Bundesagentur für Arbeit. (Hrsg.). (2017). Arbeitsmarkt im Überblick – Berichtsmonat März 2017 – Hamburg, Freie und Hansestadt. Zugriff am 14.04.2017. Verfügbar unter https://statistik.arbeitsagentur.de/Navigation/Statistik/Statistik-nach-Regionen/Politische-Gebietsstruktur/Hamburg/Hamburg-Stadt-Nav.html

Deutscher Olympischer Sportbund e.V. – Geschäftsbereich Sportentwicklung – Ressort Präventionspolitik und Gesundheitsmanagement. (Hrsg.) (2015). *Das Fitness-Studio im Sportverein, Planung – Realisierung – Betrieb –Ein Leitfaden.* (2., überarbeitete Aufl.). Frankfurt am Main: DOSB.

DSSV Arbeitgeberverband der deutscher Fitness- und Gesungheits-Anlagen. (Hrsg.). (2016). *Eckdaten der deutschen Fitnesswirtschaft 2016.* Hamburg: Sportstudio Verlag.

DSSV Arbeitgeberverband der deutscher Fitness- und Gesungheits-Anlagen. (Hrsg.). (2017). Existenzgründung – Erstellung eines Businessplans, Unternehmenskon-zepts – Standort- und Marktanalyse. Zugriff am 15.04.2017. Verfügbar unter https://www.dssv.de/existenzgruendung/businessplan/

FitnessFirst. (Hrsg.). (2015). Mediadaten. Zugriff am 16.04.2017. Verfügbar unter https://www.fitnessfirst.de/sites/default/files/inline-files/mediadaten-b2b-2016.pdf

FitnessFirst Germany GmbH. (Hrsg.). (2016). Pressemitteilung – Der neue Flagship-Club von Fitness First startet ab sofort durch. Zugriff am 17.04.2017. Verfügbar unter https://www.fitnessfirst.de/sites/default/files/2016-05/PI%20Eröffnung%20Fitness%20First%20Black%20Label%20Club%20Frankfurt%20am%20Opernplatz.pdf

FitnessFirst Germany GmbH. (Hrsg.). (2017). Unser Anpruch: Fitness. Zugriff am 17.04.2017. Verfügbar unter https://www.wirtschaftsforum.de/fitness-first-germany-gmbh/portrait/

FitnessFirst. (Hrsg.). (2017). Aktuelles – Auszeichnungen – Drei Mal Platz 1. Zugriff am 17.04.2017. Verfügbar unter https://www.fitnessfirst.de/aktuelles

FitnessFirst. (Hrsg.). (2017). Mediadaten - Zielgruppen. Zugriff am 18.04.2017. Verfügbar unter https://www.fitnessfirst.de/kooperationen/b2b

FitnessFirst. (Hrsg.). (2017). Unternehmen. Zugriff am 16.04.2017. Verfügbar unter https://www.fitnessfirst.de/wer-wir-sind

FIW Forschungs-Institut Würtenberger. (Hrsg.). (2016). *M-A-R-S 2015/2016 – Markt-Aktivitäten-Reichweiten-Studie.* Ettlingen: bodyLIFE.

Gesellschaft für Komsumgüterforschung. (Hrsg.). (2015). Kaufkraft der Deutschen steigt 2016 um 2 Prozent. Zugriff am 12.04.2017. Verfügbar unter http://www.gfk.com/de/insights/press-release/kaufkraft-der-deutschen-steigt-2016-um-2-prozent/

Gesellschaft für Komsumgüterforschung. (Hrsg.). (2016). Kaufkraft in Deutschland steigt 2017 um 1,7 Prozent. Zugriff am 14.04.2017. Verfügbar unter http://www.gfk.com/de/insights/press-release/kaufkraft-deutschland-2017/

GfK Geomarketing. (Hrsg.). (2008). GfK Kaufkraft nach Altersklassen 2008 – Marktchancen leicht erkannt. Zugriff am 21.04.2017. Verfügbar unter http://www.gfk-geomarketing.de/fileadmin/gfkgeomarketing/de/gfk_geomarketing_news/0208_gfk_geomarketing_news.pdf

Juka dojo Fitness Club. (Hrsg.). (2017). Historie – Erfolg seit 1970. Zugriff am 17.04.2017. Verfügbar unter http://www.fitness-rahlstedt.de/ueber-uns/historie.html

Juka dojo Fitness Club. (Hrsg.). (2017). Mein persönlicher Studio-Check. Zugriff am 17.04.2017. Verfügbar unter http://jukadojonienstedten.mein-studiocheck.de

Juka dojo Fitness Club. (Hrsg.). (2017). Über uns. Zugriff am 17.04.2017. Verfügbar unter http://www.fitness-nienstedten.de/ueber-uns.html

Nieschlag, R., Dichtl, E. & Hörschgen, H. (2002). *Marketing.* (19. Aufl.). Berlin: Dunker & Humbolt.

Pepels, W. (2012). *Handbuch des Marketing.* (6. Aufl.). München: Oldenbourg.

Paul, H. (2011). Muskeltraining: Fitness First macht sich fit für die Börse. Zugriff am 17.04.2014. Verfügbar unter http://www.faz.net/aktuell/wirtschaft/unternehmen/muskeltraining-fitness-first-macht-sich-fit-fuer-die-boerse-11111182.html

Schlaffke, W. & Plünnecke, A. (2016). *Studienbrief – Marketing I.* Saarbrücken: Deutsche Hochschule für Prävention und Gesundheitsmanagement.

Senat der Freien und Hansestadt Hamburg. (Hrsg.). (1990). *Bebauungsplan Othmarschen 10.* Hamburg: Lütcke & Wulff.

Statistisches Amt für Hamburg und Schleswig Holstein. (Hrsg.) (2016). *Hamburger Stadtteil-Profile 2016.* (Band 18). Hamburg: NORD.regional.

Statistisches Amt für Hamburg und Schleswig Holstein. (Hrsg.). (2016). Statistischer Bericht – Die Bevölkerung in Hamburg nach Alter und Geschlecht 2015 – Endgültige Ergebnisse – Fortschreibung auf Basis des Zensus 2011. Zugriff am 15.04.2017. Verfügbar unter https://www.statistik-nord.de/fileadmin/Dokumente/Statistische_Berichte/bevoelkerung/A_I_3_j_H/A_I_3_j_15_HH_Zensus_endgültige%20Ergebnisse.pdf

Thieme, W. M. (Hrsg.). (2016). *Luxusmarkenmanagement – Grundlagen, Strategien und praktische Umsetzung.* Wiesbaden: Springer Gabler.

Weis, C. (2010). Marketing. In K. Olfert (Hrsg.). *Kompakt-Training Praktische Betriebswirtschaft.* (6. Aufl.). Ludwigshafen: Kiehl.

Zimmermann, M. (2002). *Standortplanung für Dienstleistungsunternehmen: Das Beispiel multifuntionaler Sportanlagen.* Wiesbaden: Deutscher Universitäts-Verlag.

4 Abbildungs- und Tabellenverzeichnis

4.1 Abbildungsverzeichnis

4.2 Tabellenverzeichnis